JULIEN VINSON

COUP-D'OEIL

SUR L'ÉTUDE DE

LA LANGUE BASQUE

(Extrait de la Revue de Linguistique et de Philologie comparée)

PARIS
MAISONNEUVE ET Cie, LIBRAIRES-ÉDITEURS
15, Quai Voltaire, 15

1868

PARIS. — TYPOGRAPHIE ALCAN-LÉVY, BOULEV. DE CLICHY, 62.

COUP D'ŒIL

SUR L'ÉTUDE DE

LA LANGUE BASQUE

COUP D'ŒIL

SUR L'ÉTUDE DE

LA LANGUE BASQUE

Au fond du golfe de Gascogne, au pied des Pyrénées occidentales, il existe une région peu favorisée, partagée entre la France et l'Espagne. On y voit quelques champs de maïs, des bois négligés et des landes sauvages où paissent sans gardiens de nombreux troupeaux de moutons.

Dans des villages éloignés les uns des autres, on regarde avec étonnement des maisons de forme antique, de vieilles églises dorées avec leurs galeries de bois latérales, et ces *places* enfin où les jeunes gens du pays se plaisent à jouer à la paume. Si l'on arrive dans ces villages le dimanche, ou bien un jour de marché, ou encore à l'époque d'une fête locale, on trouve toute la population sur pied ; on s'émerveille de rencontrer aujourd'hui ces mœurs originales ; on est agréablement surpris en voyant passer ces vieillards aux longs cheveux, appuyés sur leurs bâtons de forme curieuse ; ces jeunes gens grands et sveltes, adroits et robustes ; et ces jolies filles aux larges pieds, à la démarche gracieuse, encapuchonnant prestement leurs têtes mignonnes avant d'entrer dans l'église dont le parvis leur est réservé. Dans la sombre église, on admire la piété universelle; mais on s'attriste en découvrant sur tous ces visages la marque d'une intelligence encore endormie, en constatant l'influence énorme exercée par le clergé sur ces populations en retard. Pourquoi le pays basque a-t-il gardé cette physionomie spéciale? La principale cause en est certainement la conservation de sa langue.

On sait que le basque a longtemps étonné les linguistes : au moyen âge on l'appréciait pourtant convenablement. On lui rendait justice avant que la philologie eût pris naissance. Jules Scaliger en parle avec éloges, lui attribue une grande antiquité et y voit une langue mère: Rabelais lui a donné une place dans le fameux chapitre IX du livre II de Pantagruel. Cependant, l'Académie espagnole, longtemps après, le proclamait incompréhensible et en faisait le type de l'impossible; au commencement de ce siècle, l'armée française n'y voyait qu'un patois gascon.

Le basque a quatre principaux dialectes : labourdin, souletin, gipuscoa et biscayen ; mais il faut dire, en outre, que d'un village à l'autre on remarque des différences souvent importantes. Il est donc superflu de rechercher quel dialecte représente le mieux la langue ; c'est seulement de l'ensemble de toutes les variétés qu'elle peut se dégager. Il faut une étude attentive et longue pour connaître suffisamment le basque, cet idiome harmonieux qu'on est ravi d'entendre lorsqu'il vous rappelle le souvenir de jours heureux passés dans l'extrême Orient, chez des populations analogues à celles-ci sous beaucoup de rapports.

Passant de l'Inde dans le pays basque, ces analogies m'ont frappé; l'idée m'est venue de comparer les langages des Dravidiens à celui des Basques. J'ai dû, à cet effet, chercher à connaître les caractères particuliers du basque; je me suis donc procuré les principaux écrits publiés jusqu'à présent sur cette langue. C'est de ces ouvrages que je veux parler ici, en recherchant s'ils ont été scientifiquement faits et quelle somme de lumières ils peuvent apporter à la solution des problèmes que soulève chaque jour la science générale et positive des langues.

Dans sa *Notitia utriusque vasconiæ*, Paris, 1638, in-4°, Oihenart, auteur basque estimé, consacre quatre chapitres (les chapitres XI et XIV de la première partie, p. 35 à 62) à sa langue maternelle. Le premier établit que les *a* et *ac*, qui terminent les mots, sont les articles singulier et pluriel ; le second et le troisième tendent à prouver que le basque a été la langue antique de l'Espagne ; le dernier a pour objet les particularités du basque et sa manière de conjuguer et de décliner. Naturellement Oihenart se guide sur les grammaires latines et grecques de son temps. Dans ce chapitre, Oihenart montre que le basque ne connaît pas la distinction des genres ; qu'il y a deux déclinaisons, l'une avec l'article, l'autre sans l'article ; qu'il n'y a pas d'accusatif ni de vocatif ; que le nominatif a une forme agissante ; qu'il y a un cas de négation, d'interrogation ou de doute (c'est le suffixe *ic*, partitif de M. Duvoisin, infinitif de M. Inchauspe, datif-actif de M. de Charencey) : que les verbes indéfinis se divisent en deux classes, ceux dont le participe passé se termine en *tu* et ceux dans lesquels il se termine autrement : qu'il y a un nom verbal plutôt qu'un infinitif. Oihenart admet ensuite deux conjugaisons : la première, qu'il appelle propre ou simple, n'est applicable qu'aux verbes de la première classe (ex. *noa*, je vais ; *dégit*, je fais) : la seconde, composée, impropre ou périphrastique, est applicable à tous les verbes (ex. *joan nis*, je vais : *egiten dut*, je fais). Puis il expose la combinaison des trois formes de l'auxiliaire avec les trois participes présent, passé et futur, ce qui forme neuf temps : je suis aimant, j'ai été aimant, je serai aimant ; je suis ayant aimé, j'ai été ayant aimé, je serai ayant aimé ; je suis devant aimer, j'ai été devant aimer, je serai devant aimer). Pour lui, il y a six modes (indicatif, conjonctif, optatif, conditionnel, impératif, participe). Oihenart fait voir enfin comment les conjonctions sont remplacées par des syllabes additives, et comment s'expriment les diverses relations de sujet et de régime par des modifications dans les flexions verbales. Cette petite dissertation est exempte des enthousiasmes et aussi des erreurs qui se rencontrent dans les ouvrages des Basques qui ont écrit après lui sur leur langue.

La grammaire de Larramendi, publiée à Salamanque en 1729 et réimprimée à Saint-Sébastien en 1853, porte ce titre prétentieux : *El imposible vencido; arte de la lengua vascongada*. Elle est divisée en trois parties : la grammaire proprement dite, la syntaxe et la prosodie. Le brave jésuite a calqué les grammaires latines et grecques ; il parle des substantifs, des adjectifs, des adverbes. La déclinaison a les six cas classiques ; le verbe est toujours composé (la forme simple est qualifiée d'irrégulière). L'auteur, ne sachant comment faire entrer dans le cadre classique les diverses modifications que subit le verbe pour exprimer les relations de sujet et de régime, en fait autant des conjugaisons ; c'est ainsi qu'il détaille vingt et une conjugaisons actives. On voit que ce livre ne saurait être qu'un objet de curiosité ; ce serait un assez mauvais ouvrage pour celui qui voudrait connaître la vraie nature de la langue basque. Mais il ne faut pas oublier sa date.

Le même auteur a publié un dictionnaire trilingue, espagnol, basque et latin, qui est également de peu d'utilité. Que faire d'un énorme volume, calqué sur le premier dictionnaire espagnol venu, et où l'auteur a conservé les expressions les plus étrangères à l'esprit du basque? Ce dictionnaire est précédé d'une très longue introduction, où l'auteur pieux montre, à l'égard de sa langue naturelle, un enthousiasme tel qu'il a été amené à des conclusions qui font rire aujourd'hui.

Néanmoins, pour excuser Larramendi, rappelons qu'il a été dépassé. En 1825, M. l'abbé d'Iharce de Bidassouet écrivait ce qui suit : « Je ne sais pas si la langue du Père éter-« nel était *escuara*, basque..... Que l'on convienne donc « enfin qu'il n'y a aucune langue dans tout l'univers qui ap-« proche plus près de la langue que le Père éternel a inspi-« rée à Adam... que l'idiome basque. » D'un autre côté, en 1835, M. Pierquin de Gembloux terminait ainsi un article sur l'origine de la langue basque : « De ce travail..., il ré-« sulte qu'on devra ramener la formation de la langue es-« cuara à l'époque où naquirent tous les autres patois ro-» mans, au xe ou xie siècle. »

Hâtons-nous d'arriver au petit volume de G. de Humboldt, *Berichtigungen und Zusætze*, etc., Berlin, 1817, 93 p. Ce traité renferme plus de faits et de conclusions scientifiques que beaucoup de gros volumes parus avant et après lui. Humboldt étudie la composition des mots, montre que la déclinaison doit être considérée comme formée de suffixes, de postpositions ; il indique enfin la véritable nature des verbes irréguliers de Larramendi, qui sont formés de la même manière que les deux auxiliaires. Dans l'introduction qui précède les *Études grammaticales sur la langue euscarienne* (voyez plus loin), on trouve, p. 24, la phrase suivante : « G. de « Humboldt a très bien montré que le verbe basque se dédou-« ble dans la formation des verbes syncopés ; c'est ainsi que « *yakiten d-u-t* a formé *d-aki-t*. » Or, voici ce que dit G. de Humboldt : « Je devrais encore mentionner la conju-« gaison irrégulière. Cependant ici, où une analyse com-« plète ne pourrait trouver place, il suffira de remarquer « que cette conjugaison est formée exactement comme celle

« du verbe auxiliaire (*dieselbe gerade so gebildet wird*
« *als die des verbi auxiliaris*). » (p. 62-63). Et Humboldt met en regard le présent de l'indicatif de *dut* « je l'ai », et de *dakit* « je le sais. » On a, par exemple :

d-u-t	d-aki-t
d-u-su	d-aki-su
d-u	d-aki
d-u-gu, etc.	d-aki-gu, etc.

Après Humboldt, M. Fl. Lécluse, professeur à la Faculté de Toulouse, publia en 1826 un *Manuel de la langue basque*, qui, malgré son épigraphe vaniteuse, traduction grecque du triple mot de César, est loin d'être un guide complet et suffisant pour l'étude du basque.

L'année suivante, en 1827, un ecclésiastique de Bayonne, M. l'abbé Darrigol, fit paraitre, sans nom d'auteur, un volume in-octavo de 167 pages, intitulé : « *Dissertation critique et apologétique sur la langue basque.* » Cet ouvrage fut la base d'un mémoire auquel l'Institut décerna en 1830 le prix Volney. On y trouve, en effet, des observations curieuses, des raisonnements sérieux, un essai consciencieux de critique scientifique : mais tout cela n'aboutit pas, à cause du parti pris, de l'idée préconçue qu'a l'auteur de l'excellence du basque, de son isolement, de son unité de conjugaison, etc. Ainsi, M. Darrigol reconnait que Larramendi a eu tort d'appeler irréguliers les verbes simples ; mais comme il est persuadé lui-même que la conjugaison basque est naturellement composée, il voit en eux des verbes subalternes, formés par la combinaison des deux auxiliaires avec les noms verbaux, et il propose de les nommer verbes défectueux. Dans son livre, les diverses formes verbales sont données assez confusément : la déclinaison a dix cas. L'auteur a été visiblement gêné par l'habitude des langues à flexions. Enfin, le principal reproche à faire à ce livre c'est sa conclusion bizarre : « Tout persuadé qu'est l'auteur que la langue bas-« que est digne de l'attention des savants, jamais il n'a dû la « croire digne d'occuper les loisirs précieux d'un ecclésias-« tique : comme tel, il n'a pas dû oublier un instant que sa « profession l'attachait, d'une manière très spéciale, à l'œu-« vre de son père : *In his quæ patris mei sunt oportet me « esse*. N'eût-il entrepris ce petit essai que pour oublier les « chagrins de la vie ou pour se délasser de ses fatigues jour-« nalières, il ne serait pas sans reproche si cet objet étranger « eût parfois captivé son attention avec quelque détriment du « véritable devoir. Plaise au ciel qu'il ne lui soit pas demandé « compte d'un temps qu'il eût bien mieux employé à pleurer « ses fautes, à chercher les hommes qui s'égarent, à étendre « le royaume de Dieu parmi ses frères et dans son cœur ! » Avec de pareilles opinions, il ne fallait pas écrire de livre et encore moins envoyer de mémoire à l'Institut.

Après lui, un autre Basque, M. Chaho, a écrit sur sa langue maternelle. Il a exposé le résultat de ses recherches dans ses *Études euscariennes* (Paris, 1836), et dans l'introduction de son *Dictionnaire quadrilingue* basque, français, espagnol et latin (Bayonne, 1856). Il a paru de ce dernier ouvrage seulement 360 pages, allant jusqu'au mot *fornizer* de la première partie qui devait donner la liste des mots empruntés par le basque au latin et à ses dérivés. M. Chaho trouve une déclinaison de dix-huit cas, auxquels il a la bonne idée de ne pas donner de noms ; il expose l'ensemble de la conjugaison, mais très confusément : on parcourt avec peine ces longues listes de modifications verbales non classées ; il n'admet d'ailleurs qu'un seul verbe, le verbe *nis* « être » ; pour lui le verbe *avoir* est dérivé du verbe *être* : par exemple, *dut* est formé de *da* « il est, » de *hura* « il » et de *t*, signe du pronom de la première personne ;

dut veut donc dire « il est à moi, » c'est-à-dire « je l'ai. » M. Chaho regarde la forme périphrastique des autres verbes comme la seule sérieuse : les verbes simples ne sont pour lui qu'une abréviation, une syncope des formes composées. M. Chaho avait remarqué que le basque connaît une seule sorte de mots, le nom.

M. Chaho avait une théorie étrange : il se figurait que les basques étaient les descendants directs des premiers peuples sortis des mains de Dieu, race spirituelle, noble, etc., qu'il appelle les *voyants;* des races sauvages ont ensuite apparu, elles ont envahi le monde et refoulé peu à peu les voyants dans les pays qu'ils occupent actuellement. M. Chaho appelle ces envahisseurs les celto-scythes. Si cette théorie, hautement spiritualiste, pouvait être vraie, il faudrait reconnaître aujourd'hui que les *voyants* sont bien dépassés par les sauvages, car les Basques sont très arriérés. Les rôles seraient donc intervertis. Ces idées gâtent les travaux de M. Chaho. C'est ainsi que dans ses *Études* il parle de la barbarie latine ; « le neutre, dit-il, qui oblige de sous-entendre le mot « *negotium*, est la négation du spiritualisme : l'*ederra*, le « τὸ καλὸν échappe à l'intelligence du barbare ; au point de « vue philosophique, la langue de Virgile est un patois, la « langue de Racine un jargon : » c'est ainsi encore qu'il prétend que le mot *samscrada* (sanscrit) correspond exactement au basque *erdara*, qui signifie langage mixte, embrouillé, imparfait, ténébreux. M. Chaho croit que les Celto-Scythes (nos indo-européens) avaient une grammaire analytique, une déclinaison originairement prépositive, un verbe primitivement périphrastique, et les Ibères une grammaire synthétique. Les Ibères sont les ancêtres des Basques actuels ; ils ont peuplé l'Espagne, l'Italie, l'Inde même. M. Chaho découvre dans le latin et dans le sanscrit de nombreux *cantabrismes* souvent un peu forcés ; il n'en trouve aucun en grec. C'est la preuve, dit-il, que la race ibérienne habitait le monde avant les Celto-Scythes : ceux-ci sont venus du nord de l'Asie et leur langue s'est modifiée sous l'influence de l'idiome des peuples qu'ils ont dépossédés. M. Chaho avait d'ailleurs des idées assez justes sur la formation du langage.

En somme, son système n'est qu'à moitié faux, ses travaux sont sérieux, et il y a lieu de regretter sa mort prématurée, car il aurait certainement contribué pour une bonne part à l'analyse définitive du basque.

Je ne puis cependant résister au désir de citer une curieuse page des *Études* (p. 14) : « Contemplez l'homme qui se « meurt : l'angle guttural reste ouvert et laisse errer la vo- « cale *a* sur le ton le plus bas et le plus creux, dernier ac- « cent de la voix humaine, que nous appelons râle. Tout au « contraire, dans une plénitude de force et de santé, lors- « qu'un sentiment énergique de plaisir soulève, comme un « levier, toutes les puissances de la vie, le brésilien fait en- « tendre un cri d'allégresse ***hîî***, sur une note aiguë, qui est « certainement la dernière limite du chant dans chaque in- « dividu. Or, le cri de la nature *hî* est le nom que la langue « brésilienne donne à l'Être suprême ! Ainsi se trouxe fixée « la valeur des vocales *a*, *i*. La vocale *o*, médium exact de « la gamme parlée, est, dans sa valeur moyenne, une ex- « clamation admirative. L'attention fortement excitée sur « un objet fixe la machine physique dans l'immobilité, et « c'est alors que l'homme, béant et ravi, fait entendre ce « son harmonieux et plein. Je laisse à juger au lecteur s'il « est inspiré, primitif, divin, le nom que les basques pyré- « néens donnent à l'ÉTERNEL : ce nom, qui par la réunion « savante des deux sons extrêmes et du son médial de la « voix humaine, combine les idées de vie et d'incarnation « universelle et les confond dans un cri d'admiration : IAO !.. « Je dois ajouter une remarque que je voudrais graver sur

« le marbre en lettres d'or, c'est que le cri de joie des Bas-
« ques pyrénéens et des euscariens antiques se compose des
« syllabes *ia, ia, ô, ó, ó!* » Il resterait seulement à démontrer deux choses : l'existence du mot *iao* pour exprimer l'idée de Dieu et le monothéisme primitif des Basques.

Arrivons à la période contemporaine ; des ouvrages mieux faits ont paru. Citons d'abord la petite brochure du prince L.-L. Bonaparte, *Langue basque et langue finnoise* (Londres, 1858) ; elle nous apprend beaucoup de choses, notamment le principe suivant lequel les finales des mots se modifient harmoniquement en prenant l'article dans certains dialectes.

Le *verbe basque* de M. l'abbé Inchauspé, volume énorme, qu'on désirerait voir réduit à un format plus portatif, présente un exposé méthodique de l'ensemble de la conjugaison basque dans le dialecte souletin. Comme ses devanciers, l'auteur admet une seule déclinaison à beaucoup de cas, une seule conjugaison composée, un seul verbe. Le verbe a quatre formes : 1° forme première ou capitale, *eçkentsen* DUT, « je l'offre » ; 2° forme régie exquisitive, *yakin du nori eçkentsen* DUDAN, « il a su à qui je l'offre ; » 3° forme régie positive, *erraiten dut eçkentsen* DUDALA, « je dis que je l'offre ; » 4° forme incidente, *nola eçkentsen* BÉITUT « comme je l'offre. » M. l'abbé donne les quatre traitements : indéfini, masculin, féminin et respectueux ; le masculin ou le féminin peuvent s'employer lorsqu'on parle à un homme ou à une femme. Le prince L.-L. Bonaparte indique l'existence d'un traitement enfantin, à l'adresse des petits enfants. Remarquons à cet égard la tendance des langues agglutinantes à distinguer les enfants des hommes faits : en tamoul, aucun des mots qui désignent les petits enfants ne sont masculins ou féminins.

M. Inchauspé comprend dans la conjugaison neuf formes

qu'il considère comme des cas des verbes déclinés et qui s'emploient lorsqu'on veut exprimer les conjonctions quand, jusqu'à ce que, parce que, etc. Pour les relations de sujets et de régimes, il donne sept variations pour la voix intransitive, dix-huit pour la voix transitive : la voix intransitive, c'est le verbe conjugué avec l'auxiliaire *nis* « être, » et la voix transitive, c'est le verbe conjugué avec l'auxiliaire *dut* « avoir. » M. l'abbé admet un nombre de temps qui varie avec chaque mode : il compte sept modes, l'indicatif, le subjonctif, l'impératif, le votif, le suppositif, le conditionnel et le potentiel. Le volume contient enfin, dans quelques tableaux, le résumé des variations dialectiques du verbe.

M. l'abbé Inchauspé, plus persuadé que personne de l'unité du verbe basque et de sa complication naturelle, explique les verbes simples comme MM. Darrigol et Chaho, mais il les appelle *contractes*, désignation malheureuse, car il est impossible de comprendre par exemple comment *ethorten nais* a pu se contracter en *nathor* ou *yakiten dut* en *dakit*. Prié de m'expliquer comment il entendait cette contraction, M. Inchauspé m'a dit qu'elle s'était produite par l'intercalation des radicaux des mots *yakitea* « le savoir, » etc., dans les formes de l'auxiliaire. Ce n'est évidemment pas là ce qu'on peut appeler une contraction. Il est bien plus simple, puisque tout le monde reconnaît l'analogie de ces mots avec les auxiliaires, d'admettre qu'ils sont formés, comme eux, par l'union d'un radical avec les signes pronominaux. Mais M. Inchauspé ne croit pas que l'auxiliaire « avoir » (*dut*, lab. et soul. ; *det*, gip. et *dot*, biscayen) ait un sens verbal par lui-même : la voyelle, pense-t-il, n'est point le radical, elle intervient seulement pour l'harmonie, la langue basque ne tolérant pas le concours de deux consonnes rudes ; et le mot *dut* veut dire *je le* (sous entendu *ai*). M. Inchauspé inclinerait même à supposer que l'accusatif de la troisième personne n'est pas exprimé : on dit dans la Soule : *hamar ardi ikuçten dut* « je vois dix brebis » (partout ailleurs il faudrait dire *ikuçten ditut* « je *les* vois ») ; mais ici *ardi* est indéfini ; or l'indéfini ne saurait avoir de pluriel, c'est une sorte de nombre particulier. D'ailleurs, il faudrait, dans l'opinion de M. Inchauspé, croire que les syllabes *ésa* de *désaket* « je peux l'avoir » sont une intercalation euphonique, et cependant l'existence de l'impératif *bésa* « qu'il ait, » où le *b* représente le pronom nominatif de la troisième personne (cf. *béré*, son, sa, ses) nous montre que *ésa* est un radical, car il ne saurait y avoir là d'addition euphonique, De même, l'impératif *bis* « qu'il soit » nous donne le radical de *nis* « je suis : » *bekuç* « qu'il voie, » celui de *dakuçt* « je vois, » etc.

Les verbes simples n'ont que très peu de temps : cela prouve, dit M. Inchauspé, que ce ne sont pas les vrais verbes basques ; je ne crois pas cette preuve concluante : est-il probable, en effet, que le verbe basque ait toujours été aussi complexe qu'il paraît l'être actuellement ? Si les verbes simples, m'a dit encore M. Inchauspé, étaient les vrais verbes basques, ces formes auraient dû se conserver pour les verbes les plus usuels. Nullement, car les verbes les plus usuels ont dû être atteints les premiers par la modification qui a produit le verbe périphrastique ; dans votre théorie, d'ailleurs, les formes simples étant une abréviation commode, les verbes les plus usuels auraient dû se contracter les premiers. Cet argument ne prouve donc rien. En fait, les verbes simples expriment des actions principales : voir, aller, marcher, venir, rester, tirer, emporter, etc. Il est inadmissible enfin que la forme simple soit une corruption de la forme composée.

Les verbes simples sont assez usités dans le Gipuskoa, moins dans le Labourd et très peu dans la Soule. Dans le Labourd néanmoins il existe, paraît-il, un assez grand nombre de formes simples isolées ; on dit, par exemple, *déracha*, « il jase ; » *séracha*, « il jasait ; » — *démat*, « je le donne , » *sémoten*, « il le donnait. »

M. Larréguy, curé de Saint-Pée-sur-Nivelle, de qui je tiens ces renseignements, l'un des Labourdins qui savent le mieux leur langue, m'a cité encore les expressions *derrat*, « je le dis ; » — *séroen*, « il disait ; » — *déro*, « il le dit (dixit) » et l'on pourrait expliquer les formes actuellement en usage *diot, dio* (je dis, il dit), que M. Inchauspé dérive du latin *dicere*, par la suppression de l'*r* et les transformations euphoniques des voyelles, variables avec les diverses localités. Dans le langage usuel, j'ai plusieurs fois remarqué de pareilles suppressions de l'*r* doux, remplacé alors par une aspiration faible : *diré* par exemple (ils sont) est prononcé *dié*; *norat* (où ?), *noat*. Il n'est peut-être pas inutile de rappeler ici que les Tamouls de Madras disent *kiê* pour *kîjê, kîlê* ou *kîrê* « sous » (on sait qu'en tamoul le son des cérébrales, selon qu'on les prononce plus ou moins grassement, peut osciller entre le *d*, le *t*, l'*n*, le *j*, l'*l* ou l'*r*).

Pour en finir, je ferai remarquer que tous les verbes simples, actifs ou neutres, sont de la même forme que l'auxiliaire *dut* « avoir, » à l'exception de quatre (*nago* « je reste ; » *nathor* « je viens ; » *nabila* « je marche, » et *noa* « je vais »), qui semblent calqués sur l'auxiliaire *nis* « être. » En résumé, je suis donc de l'avis d'Oihenart, de Humboldt et de M. Van Eijs : le basque a un verbe simple comme toutes les autres langues, et j'ajoute que cette forme simple doit être primitive, c'est-à-dire antérieure à la forme périphrastique actuellement la plus employée.

Toute la théorie de M. Inchauspé sur le verbe basque est artificielle. Est-il, en effet, possible d'admettre que *nis* et *dut* ne soient que les deux voix d'un même verbe, le seul de la langue, dont le radical serait insaisissable, et qui signifierait *être* quand il est employé intransitivement, et *avoir* quand il est actif? Voici du reste cette théorie, telle que M. Inchauspé me l'a exposée : le verbe est un mot qui marque une action; cette action est faite ou soufferte. Dans le premier cas, le verbe est transitif; dans le second, il est intransitif. De là, deux modifications de la même action, exprimées en basque par les deux auxiliaires joints au nom verbal qui désigne l'action. Abstraction faite de tout nom verbal, les deux auxiliaires n'en restent pas moins destinés de nature à désigner les deux formes d'une même action; on peut donc admettre que l'un représente la voix transitive et l'autre la voix intransitive d'un même verbe inexprimé, signifiant par suite l'action fondamentale, dont le transitif, la forme agissante, porte sur autrui (avoir), et dont l'intransitif, la forme soufferte, est réfléchi (être). Et comme, dans l'opinion de M. Inchauspé, tous les prétendus autres verbes sont périphrastiques, c'est-à-dire composés des deux formes de ce verbe et de noms verbaux déclinés (*eçkentsen nis* « je suis en offrande, » c'est-à-dire « je m'offre » ; *eçkentsen* » *dut* « je l'ai en offrande, » c'est-à-dire « je l'offre) », il faut admettre que le basque ne possède que ce seul verbe. Remarquons à ce propos que les Tamouls font exactement la même distinction que les Basques : un même verbe action peut produire un *pir'avin'æ* (verbe agissant sur autrui), et un *tan'vin'æ* (verbe agissant sur soi-même) ; ainsi on dira *udækkiradu* « cela brise » et *udægiradu* « cela se brise. »

M. de Charencey a fait quatre brochures sur la déclinaison, les lois phonétiques et les degrés de comparaison du basque. Il compte vingt-trois cas simples et trente-quatre cas multiples, formés par la réunion successive de deux, trois, quatre flexions simples. Je crois qu'il aurait mieux valu dire que le basque a une déclinaison semblable à celle du français, sauf à expliquer que les prépositions sont remplacées par des postpositions. Le nombre des cas possibles est par suite indéfini, et il n'y a rien d'étonnant à l'existence de ces prétendues flexions multiples : ne dit-on pas en français *par devers*, etc.? On lit ces brochures avec le plus vif intérêt et on y apprend beaucoup de choses ; mais l'auteur est trop porté à la complication, et plusieurs de ses hypothèses semblent très hasardées.

M. de Charencey compare le basque aux langues de l'Oural et aux idiomes américains ; il inclinerait de préférence pour la parenté avec ces derniers. Mais les analogies remarquées ne sont pas assez concluantes (1). Il me semble que la seule chose qu'elles puissent nous apprendre c'est, sinon la contemporanéité absolue du basque et de ces diverses langues, au moins leur existence chez des peuples parvenus au même degré de civilisation, sans doute à des époques différentes. En étudiant le basque pour pouvoir le comparer avec le tamoul, je suis confirmé dans cette manière de voir par mes premières observations : le tamoul ressemble au basque par la faculté de verbiser les noms et de substantiver les verbes ; l'emploi dans certains cas d'un pluriel double au lieu du pluriel simple ancien devenu le singulier honorifique (*suck* et *su* « vous » des Basques) ; des constructions de phrases identi-

(1) Ce travail était terminé depuis plus de deux mois lorsqu'on m'a communiqué la nouvelle brochure de M. de Charencey sur « les affinités de la langue basque avec les idiomes du Nouveau-Monde. » Les conclusions de l'auteur sont : 1° que le basque et les langues américaines (groupe algique) sont parents et forment la souche vasco-américaine ; 2° que le type primitif vasco-américain est perdu, ce que l'auteur explique par des mélanges de diverses races, des croisements, etc. La parenté du basque et des langues algiques ne me semble nullement prouvée par les analogies indiquées par M. de Charencey ; on en trouverait peut-être davantage entre le basque et les idiomes dravidiens ou entre ceux-ci et les langues de l'Amérique. Les conclusions de cette intéressante brochure me semblent donc au moins prématurées.

ques, notamment le remplacement des pronoms relatifs par des tournures participiales; l'ignorance primitive de la distinction des genres; l'emploi de postpositions; l'usage de répétitions enfantines pour marquer le superlatif; l'emploi habituel de mots imitatifs; la prononciation emphatique des mots dans certains cas; l'impossibilité de commencer les mots par la lettre *r* (dans les mots empruntés, une voyelle est préfixée, mais non pas au hasard : on prend *i* si l'*r* est suivi de *a*, *i* ou *e*, et *u* s'il est accompagné de *u* ou *o* : en basque, on procède d'une manière analogue : *er-rege*, *ar-roca*, *ir-ri*, etc.); l'identité de quelques racines et l'observance de quelques mêmes règles harmoniques, etc. Je trouve aussi en tamoul des traces d'un mode ancien de détermination au moyen d'un pronom de la troisième personne : on lit dans les poëtes *pon'n'adu* « l'or, » formé de *pon'* « or » et de *adu* « cela. » *maramadu* « l'arbre, » formé de *maram* « arbre » et de *adu* « cela. » Enfin les permutations basques de *l* en *r* et de *r* en *d* (à Urrugne, j'ai entendu dire *eratea* pour *edatea;* à Sare, *adhana* pour *arhana*, et dans plusieurs endroits *ula* pour *ura*), semblent indiquer que le basque a possédé des consonnes cérébrales; on sait qu'elles étaient employées en finnois et que les dravidiens en font encore de nos jours un usage constant. Aucune de ces analogies n'est suffisante pour prouver la parenté du basque et du tamoul; je conclus seulement avec M. de Dumast, de Nancy « que les langues dra-
« vidiennes appartiennent à la même, non pas *famille*, mais
« *classe* que le basque. Visiblement, les langues ibériennes,
« euscariennes, etc., étaient du même *temps* que les langues
« dravidiennes... Le basque n'a rien de commun avec le
« tamoul et le télougou, ni avec le huron et l'assinibouin,
« mais il offre un FACIES absolument analogue. Il appartient
« à ce qu'on appellera, si l'on veut, l'*âge de pierre* de l'hu-
« manité. Aux époques susdites, il n'existait encore aucune

« analyse quelconque ; tout était fondu, indivisible, synthé- « tique. Tout était laissé à l'*instinct* (la raison surgissait à « peine) et le règne de l'*instinct* opérait des prodiges d'aveu- « gle régularité, d'aveugle immensité. » Dans notre opinion, les langues dravidiennes appartiennent à une période de l'agglutination bien plus ancienne que celle du basque ; celui-ci est voisin de la flexion, les autres sont plus proches du monosyllabisme primitif. Du reste, je suis d'avis que l'on ne connaît pas encore suffisamment la nature intime du basque pour pouvoir prononcer définitivement sur une question aussi importante. Il faut avant tout s'attacher à terminer l'analyse du basque.

M. le capitaine Duvoisin a publié en 1866 une petite brochure sur la déclinaison basque. Il n'admet que neuf cas. Cet ouvrage est intéressant, mais il laisse beaucoup à désirer sous tous les rapports. L'auteur, en outre, a un style à lui, parfois inintelligible. M. Van Eijs lui reproche notamment, avec beaucoup de raison, la phrase suivante : « *aitaren*, « génitif de *aita* (père), est en même temps le passif indéfini « du pronom possessif absolu *aitarena* (la chose du père). »

Il y a quelques mois, M. Van Eijs vient de rééditer un *Essai de grammaire basque*, publié par lui en 1865, en français, à Amsterdam. C'est le traité le plus scientifiquement fait que je connaisse sur le basque, le plus intéressant sans contredit et le plus simple. L'auteur a complété et développé les aperçus de Humboldt. Son ouvrage n'est qu'un *essai*, mais on sent qu'il pourra faire la vraie grammaire complète du basque.

Un professeur à la Faculté des sciences de Bordeaux, M. Baudrimont, vient de faire paraître une *Histoire des Basques ou Escualdunais primitifs, restaurée d'après la langue, les caractères ethnologiques et les mœurs des Basques actuels*. Ce travail est divisé en trois parties.

Je ne m'arrêterai pas à la première (elle contient l'exposé de la méthode suivie par l'auteur), quoique j'y trouve des assertions qui me semblent très contestables : dans la seconde, M. Baudrimont cherche, à l'aide du vocabulaire, quelles ont été les mœurs, les coutumes, etc., des Basques : la troisième donne le résumé de ces recherches, et l'ouvrage se termine par des tableaux comparatifs. Dans ces deux dernières parties, l'auteur a fait involontairement de grandes erreurs : il s'est trop fié à son dictionnaire : il ne paraît point savoir le basque et n'a pas habité dans le pays basque : il a pris le dictionnaire de Larramendi, dont nous avons parlé plus haut, et l'a courageusement dépouillé, mais il n'a pu malheureusement s'apercevoir que l'excellent jésuite n'a pas craint de fabriquer des mots de toutes pièces : par exemple, les expressions correspondantes à *géométrie, métaphysique, botanique*, etc., sont de pure invention. Larramendi a pris les mots basques *terre, plante*, etc., et les a réunis aux mots *art, mesure*, etc. : d'autres fois, il a purement et simplement transcrit des mots espagnols. Je reproche encore à M. Baudrimont de regarder trop facilement comme primitivement basques des mots évidemment empruntés au latin, à l'espagnol, au français.

Quoique ce volume repose tout entier sur le vocabulaire, l'auteur y a inséré, à la fin, quelques notions grammaticales : elles sont très incomplètes : l'alphabet y est tronqué, l'article y est méconnu, le verbe y prend un infinitif présent et futur (ce sont en réalité deux formes du verbe décliné), etc. Enfin, M. Baudrimont affirme qu'une déclinaison fort étendue remplace l'article, qu'il y a en basque « un seul verbe qui se « modifie pour conjuguer activement ou passivement, » que le verbe basque « n'est pas contracté en un seul mot et présente « tous ses éléments primitifs : le nom, le pronom et le verbe « proprement dit. » J'ai à présenter, en dernier lieu, une observation qui fera sourire : je n'ai pu m'expliquer l'importance exceptionnelle que l'auteur donne au langage d'Itçasu ; je ne sais par quel hasard cet heureux village a été distingué par M. Baudrimont à un point tel qu'il écrit (p. 185) qu'aux quatre dialectes principaux « il faudrait peut-être en ajouter un « cinquième, celui d'Itsasso, qui offre des particularités vrai- « ment remarquables, surtout dans la prononciation. » Je présume que le prince Bonaparte, qui connaît si bien la géographie de la langue basque, sera joyeusement étonné de cette découverte merveilleuse.

La troisième partie de l'*Histoire des Basques primitifs* contient une théorie ethnographique tout à fait contraire aux données de la science actuelle ; on peut la résumer de la manière suivante : toutes les races dérivent d'une source unique dont les Basques faisaient partie ; les Basques se divisent en deux sous-races, l'indo-germanique (Sanscrits, Latins, Germains, Celtes, Slaves, Finnois), et la sémitique (Hébreux, Syriaques, Chaldéens, Arabes). La langue basque ayant peu varié (où en trouve-t-on la preuve? il ne serait peut-être pas si difficile de démontrer le contraire), est la langue mère des idiomes de toutes ces races. Les Basques, sortis du Caucase, vont d'abord habiter les régions circumpolaires de l'Asie ; puis ils redescendent en Chine où, se croisant avec les Mongols, ils donnent naissance aux Turcs; ils entrent dans l'Inde où ils trouvent les Sanscrits leurs parents ; ils reviennent alors sur leurs pas et ont des rapports nombreux avec leurs autres parents les Sémites. Ils sont ensuite rejetés sur le Caucase, et de là passent (vers 1500 avant J.-C.), le long de la mer Noire, en Italie, en Corse, en Espagne, et finalement se fixent dans les Pyrénées, pendant qu'une de leurs colonies se transporte en Amérique. Les Basques restés aux diverses stations sont donc les pères des races actuelles. Cette curieuse conception est fondée sur la comparaison de mots basques ou soi-disant tels avec des mots sanscrits, latins, etc. Quelques arguments sont tirés de la Bible; ce ne sont pas les plus solides.

Néanmoins, cet ouvrage témoigne d'un esprit de recherche très ardent, d'une préoccupation sincère de la solution du grand problème des races. Mais pourquoi l'auteur a-t-il négligé le caractère principal des langues qu'il a comparées, le système grammatical qui sépare d'une manière si tranchée les divers groupes humains? Je dois cependant recommander ce livre; tel qu'il est, il peut encore apprendre beaucoup à un lecteur prudent et attentif.

En définitive, si l'on veut étudier le basque, on trouve peu de bons livres: il n'existe aucun dictionnaire. Le meilleur moyen, qui malheureusement n'est pas à la portée de tout le monde, est celui qu'emploie le prince L.-L. Bonaparte, et qui consiste à faire de nombreuses excursions dans le pays en causant avec les vieillards, en interrogeant les lettrés des villages, etc. Mais le prince Bonaparte a grand tort peut-être de ne rien publier encore. En cherchant trop la perfection, il retarde le mouvement scientifique et s'expose, bien qu'il soit probablement l'homme d'Europe qui sache le mieux le basque, à se laisser devancer.

On voit, par l'analyse rapide que nous venons de faire, qu'il y a deux sortes de personnes qui écrivent sur le basque, les Basques et les étrangers. Les premiers, naturellement fiers de leur langue, persuadés qu'elle ne peut être suffisamment apprise par ceux qui ne sont pas nés dans le pays, fort peu linguistes pour la plupart, et croyant qu'il est absolument indispensable pour juger une langue de pouvoir la parler couramment, pleins d'idées préconçues, n'ont généralement rien fait que préparer des matériaux pour des explorateurs plus sages. Tous ces écrivains se divisent d'ailleurs en deux catégories : les savants, et ceux-là sont en mesure d'arriver à de bons résultats, et des hommes qui ont fait du basque comme ils auraient fait de l'alchimie ; qui se sont amusés à cette étude, parce que ceux qui s'en occupent sont bien vus dans le pays, ou parce qu'elle est peu courue ; qui, après avoir découvert du fond de leurs cabinets les singularités d'une foule d'idiomes plus ou moins inconnus, ont monté un échelon et ont fait du basque l'objet de leurs lumineuses élucubrations accompagnées d'un perpétuel étalage de mots aussi longs qu'ignorés du vulgaire ; qui enfin ne se doutent pas qu'il est besoin pour être philologue d'une certaine aptitude naturelle, et qu'on ne peut faire de travail sérieux sur une langue qu'après en avoir étudié plusieurs, c'est-à-dire après s'être éclairé sur la vraie nature du langage et les principes de la grammaire générale. Que dire de ces derniers ? Leurs noms ne figureront pas sur la liste des savants qui auront élucidé le problème du basque : ils auront travaillé sans avoir acquis la moindre gloire, et l'on sait que

> Celui qui sans la gloire a consumé ses jours
> Ressemble à la fumée, à l'écume incertaine :
> Sa vie emportera les traces de son cours.
>
> (Dante, l'*Enfer*, ch. XXIV, v. 49 à 51.)

La plupart des Basques qui écrivent sur leur langue sont prêtres ; c'est assez dire combien ils seront gênés dès qu'ils voudront tirer de leurs études des conclusions philosophiques ou historiques. J'ai cité plus haut la fin de la *dissertation* de M. Darrigol : je vais rapporter ici quelques phrases de M. Inchauspé : « L'homme n'est pas un produit spontané de la « nature matérielle ; il est l'ouvrage d'un Dieu créateur. Et « Dieu l'a créé, comme tous les autres êtres, dans l'état de « perfection qui est propre à la dignité de sa nature. Il l'a « créé avec l'usage des nobles facultés qui en font le roi de « la création ; il l'a créé avec la parole, sans laquelle l'in-

« telligence est comme un flambeau éteint dans l'âme humaine..... La création, l'unité de la race humaine et la « révélation de la parole sont des vérités intimement liées « entre elles, que la saine philosophie a toujours proclamées « avec la foi, et que les progrès de la science humaine confirment chaque jour... Il arriva un jour où Dieu, dans sa « sagesse, mit la confusion dans le langage des enfants de « Noé..... Alors, nous dit Moïse, les familles, ne pouvant « plus s'entendre, se divisèrent et se répandirent dans le « monde..... Thubal et ses enfants allèrent jusqu'aux extrémités de l'Espagne ; Magog et Thiras se dirigèrent vers le « nord..... Sans doute, dans cette confusion miraculeuse des « langues, chacun dut conserver et emporter quelques débris « de la langue primitive, et on ne doit nullement s'étonner « de trouver certaines similitudes frappantes dans les pays « et dans les langues qui paraissent les plus disparates : nous « espérons même que les recherches linguistiques finiront « par réunir assez d'éléments pour constater l'unité primitive du langage. Mais, du reste, il n'est pas probable que « depuis la confusion de Babel, les enfants de Thubal aient « renoué des liens de parenté avec les enfants de Magog et de « Thiras, non plus qu'avec les races qui, par le *nord* et l'*est* « de l'Asie, sont allées peupler les Amériques. » *(Annales de philosophie chrétienne*, t. XIV (5e série), no de juillet 1866).

Pour montrer quelle confusion règne dans les ouvrages publiés jusqu'à présent sur le basque, je vais rapprocher dans un tableau comparatif les noms proposés pour les différents cas simples par les partisans des flexions casuelles :

Flexion	Oihenart	Larramendi	Darrigol	Chaho	Inchauspé	Charencey	Duvoisin
(mot).	nominatif	nominatif, accusatif, vocatif	nominatif		(sujet)	(radical)...	passif
ek, ak.	actif.....	nominatif	actif...	cet	actif....	actif......	actif
s....	ablatif..	»	médiatif.	auteur	médiatif..	médiatif....	médiatif
en...	génitif ..	génitif..	génitif..	ne	gén. possess.	génitif.....	génitif
i ...	datif.....	datif..	datif...	donne	datif....	datif.....	datif
ko...	»	»	destinatif	pas de	gén. relat. ou prolatif	locatif.....	»
entsat.	»	datif.....	destinatif	noms	destinatif..	destinasif..	»
n,an..	»	ablatif..	positif..	à	positif....	inessif.....	positif
rat.	»	»	approximatif	ses	ablatif	illatif { transitif	directif
ratl..	»				translatif	commoratif }	
la, lat.	»	»	»	dix-	»	intentif...	»
ons ..	»	»	»	huit	intentif...	allatif.....	»
ik. .	»	ablatif....	ablatif..	cas	élatif ...	élatif.....	ablatif
gatik	»	»	»		causatif / despectif	causatif / despectif	» »
ki, kin	»	ablatif...	unitif...		sociatif....	sociatif...	»
ki....	»	»	»		»	modal.....	»
gabe .	»	ablatif....	»		caritif....	caritif	»
ka...	»	»	»		instrum^{tal} ou modal	instrumental.	»
pe...	»	»	»		»	sublatif	»
to...	»	»	»		»	1er adverbial.	»
ro...	»	»	»		»	2e adverbial.	»
no...	»	»	»		déterminatif ou extentif	continuatif..	»
khal..	»	»	»		contributif...	contributif..	»
cta...	»	»	»		»	unitif......	»
tra...	»	»	»		»	inclusif...	»
ik...	négatif..	»	»		infinitif...	»	partitif

On voit que chaque écrivain paraît préoccupé avant tout d'inventer une appellation nouvelle, appliquée le plus souvent à tort et à travers. La même confusion règne dans les autres parties de la grammaire. Ce que l'un appelle adjectif verbal, l'autre le nomme participe, un autre nom verbal, etc.

Enfin, aujourd'hui, l'orthographe varie presque suivant les individus. J'ai vu la même lettre représentée par *s, z, ç, c, ss, ch, x*. De nos jours, l'orthographe espagnole tend à prévaloir, ce que rien ne justifie, et il est très fâcheux de voir, par exemple, les *z* remplacer les *s*. Il serait temps d'adopter un alphabet harmonique rationnel.

Il résulte de l'examen qui vient d'être fait, qu'il y a encore beaucoup de questions à résoudre pour que rien ne reste obscur, inconnu, inexpliqué dans la constitution du basque. Quelles sont ses lois phonétiques? est-il possible de retrouver le sens des postpositions? quelles sont les racines primitives monosyllabiques? y a-t-il des exceptions à cette loi générale? Nous n'en finirions pas si nous voulions énumérer toutes les questions qui doivent se présenter à l'esprit du linguiste. Des écrivains ont paru récemment attacher une grande importance à l'entrée du basque dans une famille de langues déjà analysées et définitivement classées. Il me semble que la recherche de cette parenté doit être différée jusqu'à ce que l'analyse du basque ait été complètement terminée. Pour moi, le basque me paraît être une langue agglutinante, mais dans une période voisine de la flexion. Les formes modificatrices peuvent s'affixer indifféremment aux noms et aux verbes : donc, en réalité, la distinction des mots n'existe pas : elles s'y ajoutent sans changement, sans altération du mot : elles peuvent même s'ajouter l'une à l'autre, ce qui n'a pas lieu dans les langues indo-européennes et sémitiques; donc ce ne sont pas des flexions, bien qu'elles aient perdu pour la plupart leur sens primitif. Mais je ne crois pas qu'on puisse encore dire si le basque forme une famille isolée ou s'il appartient à une famille déjà classée.

Malgré leur insuffisance, les ouvrages dont nous avons parlé ne sont pas inutiles. Ils ont préparé la voie à un basquisant sérieux qui sans doute entreprendra bientôt l'étude définitive du basque, en appliquant complètement à cette langue remarquable la méthode de la philologie moderne. Alors le basque cessera d'être une sorte d'épouvantail : on reconnaitra, ce qu'avouent déjà quelques personnes, que l'étude, bien que longue, en est facile, plus facile que celle du sanscrit, du grec ou du latin, par exemple ; il entrera tout à fait dans la série des langues connues, et le peuple arriéré qui le parle encore aujourd'hui abdiquera ses prétentions que nul n'osera plus soutenir. On reconnaitra une fois de plus que l'intelligence humaine s'est développée partout de la même manière ; on aura une preuve de plus des progrès accomplis depuis les siècles reculés où nos ancêtres habitaient les cavernes des montagnes. En même temps, le penseur, qui songe aux destinées de l'humanité, en sera arrivé à ne plus regretter les illusions que lui enlèvent chaque jour une à une des découvertes nouvelles ; mais il envisagera désormais l'avenir avec confiance, avec sérénité : les fils des sauvages de l'âge de pierre voient déjà les premières lueurs de la vérité sur leur origine et leur histoire : que ne feront pas, que ne sauront pas nos descendants?

Bayonne, le 22 septembre 1867.

JULIEN VINSON.

CHEZ LES MÊMES ÉDITEURS

LA QUESTION DE L'ENSEIGNEMENT DES LANGUES CLASSIQUES ET DES LANGUES VIVANTES, par A. de Caix de Saint-Aymour. — 1866.

LA LANGUE LATINE ÉTUDIÉE DANS L'UNITÉ INDO-EUROPÉENNE, par A. de Caix de Saint-Aymour. — 1867.

LA THÉORIE SPÉCIEUSE DE LAUTVERSCHIEBUNG, par Abel Hovelacque. — 1868.

REVUE DE LINGUISTIQUE ET DE PHILOLOGIE COMPARÉE, recueil trimestriel de documents pour servir à la science positive des langues, à l'ethnologie, à la mythologie et à l'histoire. — Prix de l'abonnement : Paris, 12 francs ; Départements, 14 francs ; Étranger, le port en sus.

PARIS. — TYPOGRAPHIE ALCAN-LÉVY, BOULEV. DE CLICHY, 62.

www.ingramcontent.com/pod-product-compliance
Lightning Source LLC
LaVergne TN
LVHW021528140926
848035LV00047B/1242
9782329575216